はじめてのゆびあみ & リリアンあみ

やさしいゆびあみ

著 寺西 恵里子

CONTENTS

はじめに　　　　　P04
ゆびあみとは…　　P05

Lesson 1
ゆびあみマフラー

P06

Lesson 2
三つあみマフラー

P14

Lesson 3
わっかマフラー
P18

Lesson 4
ゆびくさりあみマフラー
P20

Lesson 5
貼ってざぶとん
P24

Lesson 6-1

いろいろ作ってみよう！
シュシュ・・・・・・P28

Lesson 6-2

いろいろ作ってみよう！
ネックレス・・・・P30

Lesson 6-3

いろいろ作ってみよう！
エコたわし・・・・・・P32

Lesson 6-4

いろいろ作ってみよう！
クリスマスリース・・P34

Lesson 6-5

いろいろ作ってみよう！
クリスマスツリー・・・P36

はじめに

ゆびあみは
毛糸を指にかけて編んでいくだけ！
簡単で楽しい編み物です。

1玉の毛糸があっという間になくなるくらい
夢中に編めるのが魅力です。

初めはひたすら編むだけで大丈夫！
長く編んでマフラーに。

編んだものを
三つあみにしたり、輪にしたり
いろいろ工夫すると、
いろいろなものができます。

ゆびあみには、作る楽しさもあります。
編むものが決まったら、
毛糸を選んで、編みましょう。

作ったら、身につけたり、飾ったり、
使う喜びも！

教室で編むのもいいですね。
みんなで1つのものを作っても！
できたら、教室や図書館に飾っても！

1人でも！みんなでも！
ゆびあみの楽しさは広がります。

いっしょに作ろう！

小さな毛糸に
大きな願いをこめて……

寺西恵里子

ゆびあみとは…

編み棒や、編み針を使わないで、
指で毛糸を編む方法です。

初心者でも、簡単に始められる編み物で、
毛糸さえあればできるのがいいですね！

基本的な編み方は…

指に糸をかける　　糸を渡す　　下の糸をくぐらせる　　繰り返し編む

いろいろなものが作れる……

つないで　　貼って　　また編んで　　工夫して

考えて、楽しんで、作ってみましょう！

Lesson 1　ゆびあみマフラー

長く編むだけで作れる
ゆびあみのマフラー！
まずはこれを作って、
ゆびあみを覚えましょう！

二つに折って、首に巻きましょう！

ゆびあみマフラーの作り方

材料

- 並太毛糸（ブルー）……………40g

実物大

★おやすみカード

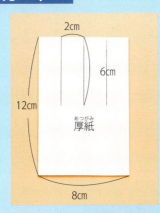

2cm / 6cm / 12cm / 8cm / 厚紙

編み始める前につくると安心！

ゆびあみは、編み始めると編み終わるまで、指に毛糸がついたままになります。
途中でおやすみしたい時に、毛糸を置いておける、「おやすみカード」を先に作っておきましょう！

これがあれば長い作品も安心だね！

① 人差し指から毛糸を外し、カードに糸を移します。

② 小指まで移せました。

★糸端の出し方

糸がころがらないように内側から出しましょう！

① 毛糸玉の中に指を入れ、中心をつかみます。

② 中心のかたまりを引っ張り出します。

③ かたまりの中から糸端を探します。

1 糸を指にかけます。

❶ 親指とひとさし指で、糸を挟みます。

❷ 糸を親指に2回巻きます。

編み始めに毛糸がほどけてしまうのを防ぎます。

❸ ひとさし指の前に糸を持っていきます。

❹ 中指の後ろに糸を持っていきます。

❺ くすり指の前に糸を持っていきます。

❻ 小指の後ろに糸を持っていきます。

❼ 前に糸を持っていきます。

❽ くすり指の後ろに糸を持っていきます。

親指くるくる、前後ろ前後ろ…もう一度前後ろ前後ろだね！

❾ 中指の前に糸を持っていきます。

❿ ひとさし指の後ろに糸を持っていきます。

糸かけができました！

2　1目編みます。

指にかかっている糸よりも上に、糸を持ってきます。

❶ 糸を前に持っていきます。

❷ ひとさし指にかかっている糸を持ちます。

❸ ひとさし指を曲げます。

❹ 持っている糸をひとさし指にくぐらせます。

❺ ひとさし指の後ろに糸を持っていきます。

❻ 前に糸を持っていき、編んでいる糸を引っ張ります。

1目編めました。

3　1段編みます。

❶ 中指にかかっている糸を持ちます。

❷ 中指にくぐらせ、後ろに持っていきます。

❸ 編んでいる糸を引っ張って、中指も一目できました。

❹ くすり指も同じようにかかっている糸を後ろに持っていきます。

❺ 編んでいる糸を引っ張って、くすり指も1目できました。

❻ 小指も同じようにかかっている糸を後ろに持っていきます。

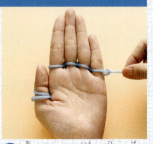

❼ 編んでいる糸を引っ張って、小指も一目できました。

1段編めました。

9

4 2段目を編みます。

① 糸を後ろから前に持ってきます。

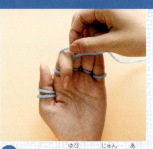
② ひとさし指から順に編みます。

③ 小指まで編み、編んでいる糸を引っ張ります。

2段目が編めました。

5 親指をはずします。

① 親指の糸を外します。

② 外した後ろの状態です。

③ 後ろの糸を引っ張ります。

しっかり引っ張りましょう！

6 糸を引っぱりながら、編みます。

① 後ろから前に糸を持ってきます。

② ひとさし指から順に編みます。

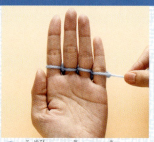
③ 小指まで編み、編んでいる糸を引っ張ります。

④ 後ろの糸を引っ張ります。

10段編みました。

1m編めました。

お休み中…

好きな長さまで編みます。

★ 糸のつなぎ方

別の糸をつなぎましょう！

① 小指まで編みます。

② 糸端と別の糸を2回結びます。

③ 編み進め、つなぎ目は指で中に入れて目立たなくします。

7 端の始末をします。

① 編み終わったら、糸を25cm残して切ります。

② 糸を後ろから回して、糸端を持ちます。

③ ひとさし指にかかっている糸に、下から通します。

④ 糸を引っ張ります。

⑤ 同じように中指にかかっている糸に、下から通します。

⑥ 同じように、くすり指と小指も糸を通し、引っ張ります。

⑦ 指から糸を外します。

⑧ 糸を引っ張ります。

最後はしっかり糸を引っ張ってね！

編めました!!

11

8 糸端の始末をします。

端から出ている糸を始末します。

❶ 糸端にセロハンテープをつけます。

❷ くるくる巻きます。

❸ 巻けました。

❹ 糸の出ている脇にさします。

❺ 4～5cm先に出します。

❻ 糸を引っ張ります。

❼ 出ている糸を切ります。

あったかいマフラーが編めました！

できあがり!!

Lesson 1
ゆびあみマフラー バリエーション

毛糸が違うだけで
ふんいきがぐっと変わります。
毛糸選びも楽しんで！

Lesson 2　三つあみマフラー

三つ編みをして、
少し太いマフラーを作ってみましょう！
タッセルをつけるとよりステキに仕上がります！

好きな色を組み合わせて作りましょう！

三つあみマフラーの作り方

材料
・並太毛糸（オレンジ・黄色・白）…各25g

実物大

1 編みます。

① ゆびあみで、3色、各2m編みます。

2 三つ編みをします。

① 2本を結びます。

② 3本目を結びます。

③ 糸端をセロハンテープで机に貼り、固定します。

④ 1本と2本に分けます。

⑤ 右を真ん中に持っていきます。

⑥ 左を真ん中に持っていきます。

⑦ ⑤⑥を繰り返します。

⑧ 最後まで編めました。

⑨ 2本を結びます。

⑩ 3本目を結びます。

⑪ 三つあみができました。

3 タッセルを作ります。

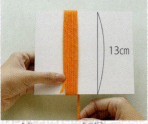

① 高さ13cmの厚紙に、オレンジの毛糸を7回巻きます。

② 同じように、黄色と白の毛糸を巻きます。

③ マフラーの糸端を巻いた糸と台紙の間に通します。

④ 通した糸と別のマフラーの糸端で2回結びます。

⑤ ★の輪を切ります。

⑥ 切れました。

⑦ 結び目から2cmのところを別の糸で2回結びをします。

⑧ もう1度、1回結びます。

⑨ 結べました。

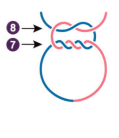

図のように、2回結びをすると、手を離しても解けにくいよ！最後にもう一度結ぶのを忘れずに！

できあがり!!

⑩ タッセルの下を8cmに切り揃えます。

⑪ タッセルができました。

⑫ もう片方も、タッセルを作ります。

Lesson 2 三つあみマフラー
バリエーション

同じ毛糸で3本をふわふわにあんで三つ編みします。
はしはそのままタッセルに！

Lesson 3 わっかマフラー

短いものをたくさん編んで、つなげるだけ！
2本どりにも挑戦してみましょう！

端をわっかに通して使うので、短くてもしっかり巻けます。

わっかマフラーの作り方

材料
・並太毛糸（白・ピンク・紫）………各30g

実物大

1 2本どりで編みます。

① 毛糸を2本合わせて、指に糸をかけます。

② 2本のまま編み進みます。

③ 長さ20cmのものを、白い毛糸で4本編みます。

④ 同じように、ピンクの毛糸で3本編みます。

⑤ 同じように、紫の毛糸で2本編みます。

2 輪にしてつなげます。

① ピンクの糸端を2回結び、輪にします。

② 糸端の始末をします。（P.12参照）

③ ピンクの輪に白を通します。

④ 白の糸端を2回結び、輪にします。

⑤ 糸端の始末をします。

⑥ ④⑤を繰り返します。

できあがり!!

Lesson 4 ゆびくさりあみマフラー

ゆびあみで長く編んだものを、
ゆびくさりあみしましょう！
細いものがモコモコの
マフラーに変わります！

長く編むのが好きな人に
おすすめのマフラーです。

ゆびくさりあみ マフラーの作り方

材料
- 超極太毛糸（ブルー）……………120g

実物大

1 編みます。

① ゆびあみで、4.5mに編みます。

2 ゆびくさりあみをします。

① 写真のように、編んだものの糸(★)端を上にして輪を作ります。

② 輪の後ろから、人差し指と親指を入れます。

③ 編んだものをつまみます。

④ つまんだものを、輪から引き出します。

⑤ 糸(☆)と編んだものを引っ張り、結びます。

⑥ できた輪に指を入れ、②～④を繰り返し編みます。

⑦ 端まで編みます。

3 端の始末をします。

① 最後の輪に糸端を通します。

② 糸端を引っ張ります。

③ 糸端の始末をします。（P.12参照）

できあがり!!

Lesson 3
わっかマフラー バリエーション

モコモコの毛糸で作ればちょっと
おしゃれにできます！

ピンクと白の組み合わせが
かわいいマフラーになります！

Lesson 4
ゆびくさりあみマフラー
バリエーション

ゆびくさりあみはキツくならないように
ふんわりあむときれいに仕上がります！

Lesson 5　貼ってざぶとん

フェルトに巻きながら貼るだけでできるざぶとん！
色を変えて、しま模様を作ってみましょう！

3色とも好きな長さにして、色を変えます。

貼ってざぶとんの作り方

材料
- 並太毛糸（黄色・白・ピンク）……各30g
- フェルト（白）……………30cm×30cm

実物大

1 編みます。

① 毛糸2本を合わせて、編みます。

② 好きな長さまで編んだら、毛糸を切ります。

③ 違う色の毛糸を結んでつなぎます。

④ ①～③を繰り返し、4m編みます。

⑤ 糸端を始末します。（P.12参照）

2 土台に貼ります。

① フェルトを直径30cmに切ります。

② 中央にボンドつけ、厚紙などで塗り伸ばします。

③ 編んだものの端を貼ります。

④ ボンドを塗りながらぐるぐる巻いて、貼ります。

土台を回しながら貼ると、貼りやすいよ！

3 編んだものの長さを調整します。

土台からはみ出る場合

① ボンドは貼らずに土台に置き、必要な長さを確かめます。

② 必要な長さの少し上の毛糸を1箇所切ります。

③ 編み地が崩れないように優しくほどきます。

④ 2本に別れるまでほどきます。

⑤ 糸端にセロハンテープを巻きます。

⑥ 糸端が出ている隣の輪(★)に糸端を通します。

⑦ 繰り返し、4つの輪に糸を通します。

⑧ 糸端を引っ張ります。

⑨ 糸端を始末し、土台に貼ります。

できあがり!!

足りない場合

① 足りない分を編み、続きから貼ります。

これができると好きな形のざぶとんができるようになるよ！

Lesson 5
貼ってざぶとん バリエーション

フェルトは四葉のクローバーの形。
4本編んで、ハート型の葉っぱに
わけて貼りましょう。
※型紙：P.39

Lesson 6-1

いろいろ作ってみよう！
シュシュ

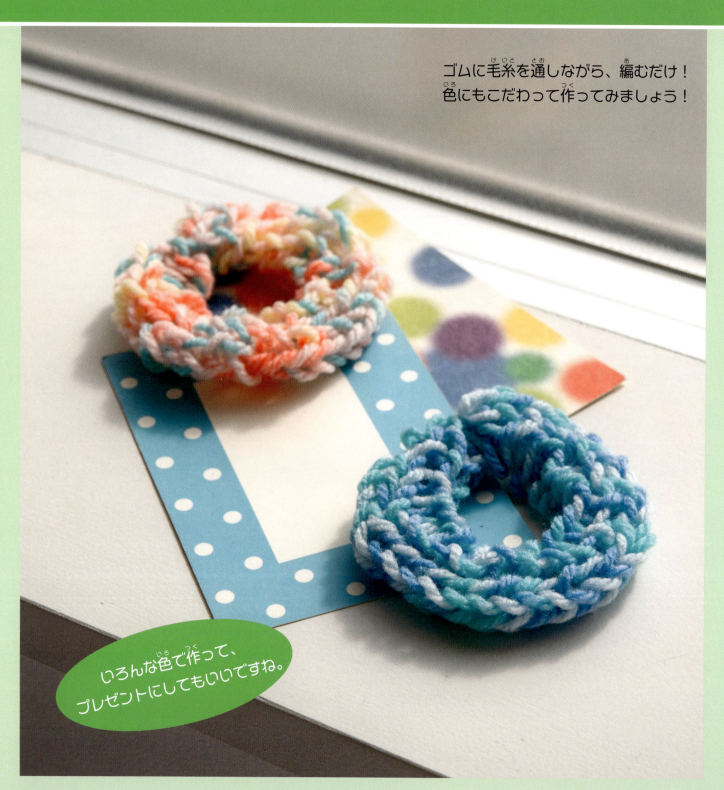

ゴムに毛糸を通しながら、編むだけ！
色にもこだわって作ってみましょう！

いろんな色で作って、
プレゼントにしてもいいですね。

シュシュの作り方

材料

- 並太毛糸（ブルー） …………… 5g
- リングゴム（ブルー） …………… 1つ

実物大

1 ゴムに毛糸玉を通しながら編みます。

① ゴムに通せるように、分量の毛糸を丸く巻きます。

② 指に糸をかけ、小指まで編みます。

③ 毛糸玉をゴムに通します。

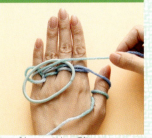
④ 後ろに糸を回します。

⑤ 糸を前にもってきます。

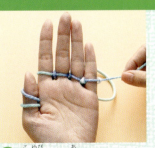
⑥ 小指まで編みます。

⑦ 毛糸玉をゴムに通します。

⑧ 後ろでゴムを通しながら繰り返します。

⑨ ゴムが1周隠れるまで編み、端の始末をします。

2 糸端の始末をします。

① 糸端を2回結びます。

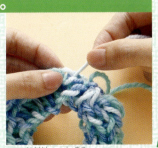
② 糸端の始末をします。（P.12参照）

できあがり!!

Lesson 6-2

いろいろ作ってみよう！
ネックレス

ビーズを混ぜながら編むだけで、かんたん！
好きな色の糸とビーズを選ぶのも
楽しいですね！

ネックレスの長さは、リボンで調整できます。

ネックレスの作り方

材料
- 中細毛糸（クリーム）……………3g
- ビーズ（白・透明）………各約10粒

実物大

1 毛糸にビーズを通します。

① 糸端にセロハンテープを巻き、ビーズを通します。

② 好きな数、通します。

2 ビーズを混ぜながら編みます。

① ビーズを糸玉に寄せ、糸端を長めにとり、指に糸をかけます。

② 糸を前に持ってくる時に、ビーズを指の手前に持ってきます。

③ 小指まで編みます。（中指にビーズを入れました）

④ ビーズを好きなところに入れながら、❷❸を繰り返します。

⑤ 少し編んだところです。

⑥ 15cm編んだら、端の始末をします。

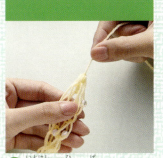
⑦ 糸端を引っ張ります。

3 糸端にビーズを通します。

① 糸端にセロハンテープを巻き、ビーズを通します。

② 片方に2つずつビーズを通します。

できあがり!!

Lesson 6-3

いろいろ作ってみよう！
エコたわし

2本どりで編む、しっかりしたエコたわし！
違う色を合わせて、
マーブルのかわいいお花にしましょう！

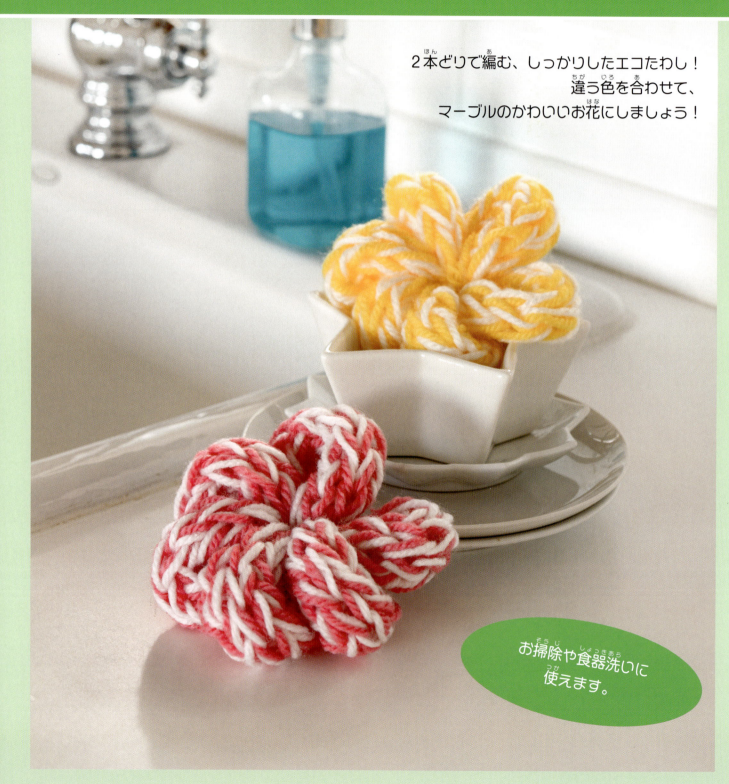

お掃除や食器洗いに使えます。

エコたわしの作り方

材料
・並太毛糸（ピンク・白）……各10g

実物大

1 2本どりで編みます。

① 毛糸2本を合わせて編みます。

② 60cm編みます。

2 花の形にします。

① 25cmに切った毛糸の両端を、定規にセロハンテープで貼ります。

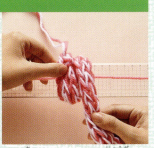
② 編んだものを、定規にくるくる巻きます。

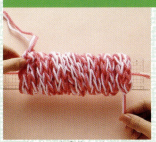
③ 毛糸の両端が出るように巻きます。

④ 編んだものの糸端を2回結びます。

⑤ 糸端の始末をします。（P.12参照）

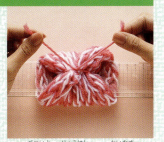
⑥ 別糸の両端を2回結びます。

⑦ 両端を短く切ります。

⑧ 定規を外します。

⑨ 広げながら、形を整えます。

できあがり!!

Lesson 6-4 いろいろ作ってみよう！クリスマスリース

長く編んで、段ボールに巻くだけ！
飾りのリボンもポンポンも
ゆびあみで作りましょう！

リースは太い糸で編むと
おしゃれに仕上がります。

クリスマスリースの作り方

材料
- 超極太毛糸（白）……200g
- 並太毛糸（ピンク）……15g
- 段ボール……30cm×30cm

実物大

1 編みます。

❶ ゆびあみで白い毛糸を10m編みます。

❷ 編んだものを丸く巻きます。

2 段ボールに巻きます。

❶ 段ボールを切ります。

❷ 編んだものを、段ボールにくるくる巻きます。

❸ 一周巻き、糸端を2回結びます。

❹ 糸端を始末します。

3 飾りを作り、つけます。

❶ ピンクの毛糸をゆびあみで40cm編み、糸端を始末します。（P.12参照）

❷ リボン結びにします。

❸ リボンの結び目に別糸を通しリースに結びます。

❹ ゆびあみで7段編み、糸端を2回結びます。8個作ります。

❺ リースに糸端を通し、結びます。

できあがり!!

35

Lesson 6-5　いろいろ作ってみよう！
クリスマスツリー

工作用紙で作った土台に、ゆびあみしたものを貼るだけ！
ポンポンの飾りは、フォークで作ります！

好きな毛糸でポンポンを作って、ツリーを飾りましょう！

クリスマスツリーの作り方

材料
- 並太毛糸（緑） …………… 75g
- 並太毛糸（ブルー・黄・赤） …… 各5g
- 工作用紙 A3 …………… 1枚

実物大

1 編みます。

① ゆびあみで3m50cm編み、糸端を始末します。（P.12参照）

2 土台を作ります。

① 工作用紙を切ります。（型紙はP.39）

② ●を中心に端から巻いていきます。

③ 反対の端まで巻きます。

④ セロハンテープを貼ります。

⑤ 土台ができました。

3 編んだものを貼ります。

① 土台の先にボンドを塗り、広げます。

② 編んだものを貼ります。

③ 巻きながら貼ります。

④ 土台を回しながら貼ります。

⑤ 最後まで貼ります。

長さの調整はP26を参照しましょう。

4 フォークを使ってポンポンを作ります。

1 20cmの毛糸をフォークの真ん中に通します。

2 フォークに毛糸を15回巻きます。

3 ❶で真ん中に通した糸を前に持ってきます。

4 真ん中に通した糸を2回結びます。

5 フォークから外します。

6 輪を切ります。

7 切りました。

8 丸くなるように切ります。

9 丸く切れました。

10 各色5個ずつ作ります。

ポンポンの大きさは、フォークの幅くらいになるよ！

5 ポンポンをツリーに付けます。

1 ポンポンの糸端にセロハンテープを巻き、ツリーに通します。

2 2回結び、糸端を切ります。

できあがり!!

P.37　クリスマスツリー

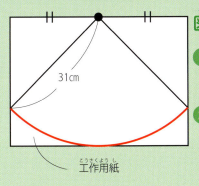

図案

1. 工作用紙の上端の真ん中を中心にして、半径31cmの円を描きます。
2. 描いた部分を切ります。

コンパスが使えないときは糸を使いましょう!

1. 鉛筆に糸を結びます。
2. 糸端を描きたい円の中心で押さえます。
3. 糸を張ったまま鉛筆を動かし、円を描きます。

P.27　貼ってざぶとん　バリエーション

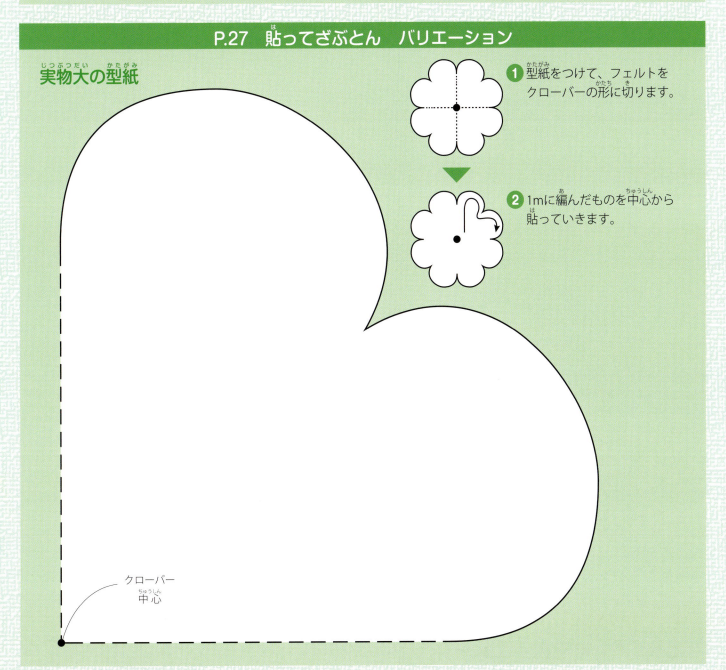

1. 型紙をつけて、フェルトをクローバーの形に切ります。
2. 1mに編んだものを中心から貼っていきます。

実物大の型紙

クローバー中心

39

著者 寺西 恵里子　ERIKO TERANISHI

(株)サンリオに勤務し、子ども向けの商品の企画デザインを担当。退社後も"HAPPINESS FOR KIDS"をテーマに手芸、料理、工作を中心に手作りのある生活を幅広くプロデュース。その創作活動の場は、実用書、女性誌、子ども雑誌、テレビと多方面に広がり、手作りを提案する著作物は700冊を超える。

寺西恵里子の本
『おりがみであそぼ！』（新日本出版社）
『メルちゃんのきせかえお洋服＆こもの』（日東書院）
『サンリオキャラクターズのフェルトマスコット＆リース』（日本ヴォーグ社）
『基本がいちばんよくわかる　刺しゅうのれんしゅう帳』（主婦の友社）
『とびきりかわいく作れる！私だけの推しぬいぐるみ＆もちぬい』（主婦と生活社）
『刺しゅうで楽しむ スヌーピー＆フレンズ』（デアゴスティーニ・ジャパン）
『写真だから折り方がわかりやすい！　たのしい折り紙203』（ブティック社）
『0・1・2歳のあそびと環境』（フレーベル館）
『ひとりでできるアイデアいっぱい貯金箱工作』（汐文社）
『身近なもので作る　ハンドメイドレク』（朝日新聞出版）
『0〜5歳児 発表会コスチューム 155』（ひかりのくに）
『30分でできる! かわいいうで編み＆ゆび編み』（PHP研究所）
『3歳からのお手伝い』（河出書房新社）
『作りたい使いたいエコクラフトのかごと小物』（西東社）
『365日子どもが夢中になるあそび』（祥伝社）

スタッフ　STAFF
撮　　　影　　奥谷 仁　渡邊 峻生
デ ザ イ ン　　NEXUS Design
作 品 制 作　　岩瀬 映瑠　やべりえ
作り方まとめ　岩瀬 映瑠

はじめてのゆびあみ＆リリアンあみ

やさしいゆびあみ

2025年1月20日　初　版

NDC594 40P 26×22cm

著　　者　寺西 恵里子
編　　集　有限会社 ピンクパールプランニング
発 行 者　角田 真己
発 行 所　株式会社 新日本出版社
　　　　　〒151-0051　東京都渋谷区千駄ヶ谷4-25-6
　　　　　営業 03(3423)8402　編集 03(3423)9323
　　　　　info@shinnihon-net.co.jp
　　　　　www.shinnihon-net.co.jp
振　　替　00130-0-13681
印　　刷　文化堂印刷
製　　本　東京美術紙工

落丁・乱丁がありましたらおとりかえいたします。
©Eriko Teranishi 2025
ISBN978-4-406-06863-5　C8377
Printed in Japan

本書の内容の一部または全体を無断で複写複製（コピー）して配布することは、法律で認められた場合を除き、著作者および出版社の権利の侵害になります。小社あて事前に承諾をお求めください。